Mi vida,

una

sorpresa

Fernando Chacón

Mi vida, una sorpresa

Amazon 1ª edición 2022

Autor: Fernando Chacón Longo

Fotografías: Fernando Chacón Longo y Diego Chacón

ISBN: 9798799826444

ASIN: B09QFG4Y5F

Deposito legal: RTA-217-22

Biografía

Fernando Jesús Chacón Longo

Mi vida,

una sorpresa

INDICE

Prólogo

Este libro es, simplemente, el resultado de querer transmitir una vida muy compleja, llena de mucho trabajo. Una vida con barreras, grandes e interminables barreras. El resultado de un vivir día a día. Cada segundo vivido era un mundo, una aventura y, aún más, una superación en manos y destino de todos los que lo rodeaban.

El querer no siempre era poder. Esa necesidad no voluntaria, su dependencia, lo hizo fuerte, muy fuerte, lo hizo paciente, inteligente y controlador. Lo hizo tan fuerte que, ante toda su adversidad, él era el más feliz, el que protagonizó y dirigió todos nuestros acontecimientos festivos y reuniones familiares. Fue un gran personaje, agradecido por ser trabajador, incansable, creativo, impulsivo, realmente agotador...

Desde estas líneas, mi agradecimiento a todos los que habéis aportado a este libro amor, mucho amor, los que le han aportado cariño, un cariño incondicional, y a los que han aportado tantísima bondad. Todos sois protagonistas. Hasta los figurantes han sido participantes en su vida, y todo eso queda plasmado en este libro.

Todos los beneficios de este libro serán donados al Colegio Público de Educación Especial "directora Mercedes Sanromá".

Diego Chacón.

Mi vida

Capítulo I

"Trompetas y tambores sonaban en la madrugá

Macarena y Trianera danzaban por alegrías

bajo las estrellas de Sevilla, a compás.

Y en eso, un llanto a lo lejos sonó,

todos a la vez, entre susurros

dijeron:"ha nacido Fernando Chacón"

Hola, soy Fernando y nací el 31 de marzo de 1972, en plena Semana Santa de Sevilla, en su barrio más popular, "Triana". Al nacer ya supuestamente tenía parálisis cerebral, la cual me impedirá poder hablar, andar y tener movilidad, para toda mi vida. El "supuestamente" se quedó encerrado entreprofesionales en la sala de parto y para mí y toda mi familia quedó en que yo nací así por la gracia de Dios... envez de un posible derrame cerebral, provocado negligentemente en el parto por falta de personal (negligencia administrativa).

A los 15 días me dieron el alta, diciendo a mis padres que estaba totalmente curado, equivocándose de nuevo, pues con 37 años aún sigo en una silla de ruedas...

Tengo tres hermanos, Reyes, Inma y Diego, los cuales me quieren y me miman mucho, pues soy el peque de la casa, ellos son 8, 5 y 4 años mayores que yo. Mis padres son Diego y Consuelo. Mi padre falleció en el año 2012.

Mi madre es una sacrificada ama de casa, la cual me dedica casi todo su tiempo, además de criar a tres niños, más cuidar de un marido. Es decir, no tiene nada de tiempo libre para ella, no sale nunca, no va de viaje, no tiene amigas, por no tener, no tiene ni vida propia, pues siempre está a mi lado y yo soy su vida...

Recuerdo mis años de rehabilitación en el Virgen del Rocío, era para recordar pues mi madre tenía que cruzar dos vías de tren con muchas piedras, todos los días una aventura, mi coche se atascaba, el tren pitaba cuando se acercaba, muchos sustos... Yo tan inocente, pasar con mi coche rápidamente por las piedras sin que se atascase, y cruzando las dos vías, y todo antes de que viniese el tren, mi madre sudando y pasándolo muy mal, me hacía disfrutar del momento, haciéndome creer que era un juego.

Fueron muchos los que a veces se ofrecían a ayudar a mi madre, me levantaban en peso con mi coche y me pasaban por esas vías. Esa alta vía y no soterrada, era la diferencia entre dos barrios: el pobre y el rico. Todo ello por no poder pagar ni tener un transporte como un taxi. Con los años subvencionaron esos transportes.

Mi querida doctora, era la traumatóloga Dulóp, una de las primeras y no la última, pues fueron muchos los profesionales que intentaron de una forma o de otra facilitarme mi vida y se lo agradezco pues mis profesores dieron forma a mi vida. Mis padres ante el desconocimiento de mi real enfermedad y su posible solución hicieron hasta cosas incomprensibles, llegaron a llevarme a dos curanderos, los cuales evidentemente fueron los beneficiados, pues el poquito dinero que tenían mis padres se lo dio para mi teórica cura.

A pesar de todo, yo nací así, y aunque no echo de menos andar pues nunca anduve, tampoco echo de menos hablar, pues nunca hablé, sí me gustaría no depender de nadie para levantarme, bañarme, ir al cole o salir, lo mismo que me comunico perfectamente y si no me entienden hasta puedo gritar, entonces es cuando llegan los enfados. A mi familia se le acaba la paciencia, a mí más, pues a veces son horas enfrentadas. Me pongo muy nervioso, igual que ellos, ante mi impotencia por no poder expresarme y transmitir mi necesidad, me pongo tenso, agresivo e incluso me tiro al suelo desde misilla, al igual que a mi madre y hermanos desesperados seles escapa un cate.

Al final acabo en el suelo o en la cama hasta que se me pasa, todos nos tranquilizamos, para luego acabar arrepintiéndonos dentro de una gran tristeza. La mayoríade los enfados eran y son por la más mínima tontería o falta de entendimiento.

Con los años todos hemos madurado, mejor comunicación, mayor flexibilidad y sobre todo muchísima compresión por parte de todos.

Dependiendo de los horarios de mis hermanos e incluso mío, pues yo también tenía mis compromisos escolares, se turnaban para jugar o trabajar conmigo, sobre todo mis hermanas, pues mi hermano y mi padre iban más por libre.

Yo de pequeño comía en brazos, pues era delgadito y pesaba poco, ahora sigo siendo delgadito pero peso más, pasé de un silloncito a mi silla de ruedas. Normalmente mi madre es la que me daba de comer, con el tiempo se turnaban entre todos, bueno mi hermano menos, algún desayuno, agua o tapita.

Hablando de tapitas, era una de las cosas que más me gustaban, en mi casa normalmente los sábados y algunos días especiales me llevaban a tomarme una tapita a la calle, obligatorio ir a una venta los Viernes Santos. Las tapitas eran comidas que me gustaban mucho, en panBimbo pues me era muy difícil masticar, eso sí, pegar bocados a algún dedo les daba a mi madre o hermanos, eso sí, sin querer.

Me llevo mucho tiempo comiendo, pues al no masticar me lo tienen que dar triturado o masticado, son muchas las veces que los médicos han recomendado que me opere el estómago, pero ese placer de comer y degustar los alimentos no los cambio, bueno y qué decir de esa Fanta o Coca Cola.

Recuerdo cuando después de comer en verano me encantaba tirarme en mi manta y ver la tele, a pesar del suelo duro era uno de mis mayores placeres.

Actualmente, me pego mi pedazo de siesta a la cama. Tanto por la mañana como en la siesta me levanto con música, disfruto mucho escuchando mi música preferida una horita antes de levantarme, folclore andaluz eso está claro, llamémosle Radiole.

Cuando necesito algo estando acostado; pues me destapo, me pica las piernas o brazos por algún malaje mosquito, o quiero preguntar algo, llamo a mi madre o hermanos, antes pegaba patadas a unas campanillas y panderetas que mi hermano me colgó en mi antigua litera, ahora pego patadas directamente a la pared o al que esté a mi lado durmiendo, pues tengo mucha fuerza. Las campanitas las sigo teniendo en mi coche, de esa forma llamo a mi madre cuando está en la cocina, a veces no ha vuelto a la cocina cuando estoy tocándola otra vez y se desespera por mi pesadez, la verdad me encanta mosquear a mi madre y que estén muy pendiente de mí, bueno en el fondo solo es para saber que no estoy solo.

A mis hermanos siempre los tenía enganchados, pues me encantaba y me encanta jugar, cuanto más jugábamos, mejor: cartas, Monopoli, dominó etc. Aunque es muy difícil coincidir varios, el día de reyes, tengo hasta mis sobrinos jugando horas. Con cada hermano era un divertimento diferente, mi hermana Reyes, hobbies, pinturas, puzles; mi hermanaInma, juegos variados y con mi hermano Diego, trabajosde escribir con el pie, aunque también tocar el órgano o pintar con un pincel atado al botín.

Con mi hermano Diego, solo era los sábados o días de fiesta, y en vacaciones cada dos o tres días. La cuestión es, el que yo no me aburra y el aprender jugando. Mi madre también me enseñaba con juegos o libros y la tele.

Con mi padre era diferente, pues a él le encantaba todo lo relacionado con bricolaje, era un gran artista, pues dominaba el tallado de madera, combinándolos con motorcitos eléctricos, y todo tipo de inventos de lo más diversos, todo ello sin ningún tipo de formación.

En mi casa, hacía muebles, tapizado de las sillas, reparaba la electricidad, la fontanería, todo lo fabricaba o arreglaba él, yo no me aburría viéndole. Yo le ayudaba, pero poco, me entretenía, excepto cuando pintábamos la casa o los antiguos papeles pintados, yo era el encargado de quitarlos, ayudar a darle cola e incluso pintar un poco. Me encanta mancharme las manos de pintura y luego me las lavo, e incluso con mi hermano he hecho mezcla con arena, cemento y agua.

En Feria y sobre todo Navidad decoramos la casa, me encantaban y me siguen encantando, todos los jaleos.

Sobre todo, el día del pescadito y el día de reyes, bueno navidad y fin de año.

Cuando era pequeñito en Navidad cogíamos el coche, el Seat 1500 ranchera y no íbamos al campo a coger un pinito. Luego dejamos de ir, me explicaron que no se podía sacrificar un arbolito por un capricho. Bueno a mí me daba igual uno de plástico, pero eso de ir al campo y hacer algo era muy divertido, digo era, porque hace años que no vamos a coger algo.

Me gustaba levantarme temprano mucho, ir a coger caracoles, y luego al lavarlos me daba asco la baba, pero me encantaban esas sensaciones en mis manos en el agua, masas, o plastilinas, mi cara era todo un poema. No sé si os he comentado que mis hermanos cogen mi mano derecha pues es la más juguetona y con su mano, mueven la mía, siendo la mía la que cobra vida y movimiento, es cogerla, soltarla y apretarla. Con mi hermano Diego me gustaba hacer señales, ok, victoria, mucho, poco, sacar el dedo, e incluso poner los cuernos, jajaja.

Y qué contar de la cocina, con mis hermanos, yo ayudaba a preparar tapitas, amasar, y emplatar todas las comidas. Dentro de una temática: Semana Santatorrijas;

Feria tapitas y "pescaito" frito; Navidad comida para todos los invitados y un sinfín de eventos.

En Feria, mi hermano decoraba la casa como una caseta de feria, con farolillos y adornos que le daban en los bares. Una vez la decoró como la caseta del Sevilla F.C., todo llena de banderas y cuadros de futbolistas. Hacíamos tortilla, "pescaíto" frito, con refrescos, cervecita y rebujito. Venían mis hermanas, cuñados y sobrinos, y cómo no, sevillanas y mucho jaleo.

Aunque mis hermanas se casaron y mi hermano se compró su casa con parcela, no dejaron de venir todos los días. Mis hermanas compraron su piso en Triana, y la casa de mi madre estaba cerquita de la suya o de sus trabajos. Bueno, trabajan juntas de ortodoncistas en una clínica.

Las bodas de mis dos hermanas fueron estupendas: mi hermana Reyes, la primera por ser la mayor, la organizaron ellos y la celebraron de manera más rústico, casita de campo, y que no falte de "ná", allí con mis primos y tíos nos hartamos de cantar y bailar, pues son todos muy flamenquitos, no podría recordar a qué hora acabamos, pero seguro que muy tarde, agotados y yo cómo no, el último. Mi hermano, cómo no, de chofer con su coche. Mi hermana Inma se casó en la Esperanza de Triana, y luego a celebrarlo a un salón fuera de Sevilla. Mi hermano le puso un coche clásico muy bonito, en la celebración la lie, pues pusieron una conga y mi hermano me puso el primero con mi coche, cuando pude ver al dar la vuelta, estaban todos detrás de mí, no podía contener las risas, decenas de personas me seguían y yo dando vueltas entre las mesas

Pero no todo fueron alegrías, una vez mi hermana Mari estuvo ingresada, cuando a la vez mi padre también se puso malo, yo lo pase muy mal por estar los dos ingresados, pero aparte me pongo muy triste, porque yo no puedo ir al hospital de visitas, pues me puedo contagiar, siempre tengo que esperar a que salga el familiar, a veces tengo que creer que están bien, yo pienso que muchas veces están mal y bueno, puede pasar cualquier cosa, como cuando falleció mi padre.

Pero dejadme contaros los demás capítulos desde mi felicidad, pues soy el más feliz y son todos ellos muy divertidos´.

¿O es que simplemente los vivo desde mi inocencia?

Mi cole
Capítulo II

La verdad, son tantas las emociones... Emociones de alegrías y tristezas, emociones vividas en mi cole, son tantas que no sé ni por dónde empezar.

Con mi "Dire" y con mis profes, con mis compañeros y padres, son miles las situaciones en las que convivimos juntos.

Mi cole se llama "directora Mercedes Sanromá", anteriormente llamado "Aben Basso", un reconocimiento a la encomiable dedicación que tuvo con mi colegio, el cual quiero y querré muchísimo. Mi cole

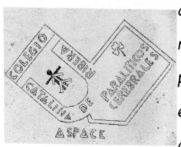

comenzó por una iniciativa que rondaba en la cabeza de cinco padres. Esos padres coincidían en el hospital Virgen del Rocío, donde nos llevaban todas las tardes a realizar nuestra rehabilitación. Era el único lugar donde coincidían padres con niños con necesidades educativas especiales. Ante nuestra falta de aprendizaje, querer tener unos conocimientos básicos, más tener limitada nuestras relaciones con otros chicos de mi edad, nuestros padres comentaban innumerables veces la necesidad de un colegio y una educación.

A partir de esa iniciativa comenzó a funcionar la asociación ASPACE.

Comenzamos a recibir clases en una habitación del Imserso. Al año, con dos profesores y Mercedes Sanroman como profesora voluntaria, nos mudamos a los

Jardines Murillo, en dos habitaciones de un edificio aislado, creo que era la antigua casa del guarda.

En ella comenzó mi educación y formación.

Era un cole muy pequeño, pero muy bonito y alegre, cedido como un favor de no sé qué organismo oficial. Los padres tenían que pagar un alquiler, al igual que el sueldo o colaboración de las dos cuidadoras y la fisioterapeuta.

PERSONAL DEL COLEGIO CATALINA DE RIBERA

Directora: Mercedes Sanroma Martinez

Profesores: Celso Acera Martinez y Mª del Carmen Tenor Osuna

Fisioterapeutica: Victoria Anaya Peña

Auxiliares: Mª de los Angeles Garcia Sanchez y Rosa Garcia Sanchez

Alumnos:

Jose Vicente Barragan Pecero

Eduardo Castejón Govante

Jose Antonio Bernabe Centeno

Esther Cebrian Frias

Fernando Chacon Longo

Pilar Domingo Zampalo

Rafael Fernandez de Liencres y Alarcón

Alfonso Fuentes Guisado

Manuel Garcia Garcia

Jose Luis Garcia Sanchez

Jose Antonio Gordón Tejero

Eva María Hernandez Gonzalez

Gustavo Adolfo Jimenez de León

Juan Lao Luque

Jose María Lobato Rodriguez

Daniel Medina Gonzalez

Jose Antonio Moreno Serrano

Milagro Muñoz Sanchez

Francisco Javier Pardo Fernandez

Rocio Reyes Machuca

Miguel Reyes Ariza

Mª del Mar Romero Garcia

Angel Tena Luque.

No sé si era mucho o poco o solo para gastos, pero

sí era dinero que nuestros padres tenían que buscar y rebuscar. Respecto a nuestro transporte, algunos padres colaboraban con sus vehículos, otras veces había una furgoneta en alquiler a cuyo conductor también había que pagar. A pesar de todo era muy divertido meternos varios amigos en un coche. Eran experiencias nuevas para mí.

Eran innumerables las veces que las madres padres, profesores y mi "dire" iban a la Junta de Andalucía para protestar por conseguir un transporte, un colegio y profesores. Nunca dejaron de protestar y manifestarse para conseguir mejoras, un gimnasio, material didáctico y profesionales cualificados y necesarios. Mis padres no tenían mucho dinero, al igual que los padres de mis compañeros, por eso hacían papeletas y realizaban sorteos. Toda mi familia ayudaba a venderlas y así poder pagar la cuota mensual del cole.

Yó, muy niño, participaba con el periódico del cole. Tenía hasta un director de periódico.

<u>PRESENTACIÓN DEL DIRECTOR DEL PERIODICO</u>

Yo soy un muchacho,me llamo Rafael Maria Hernandez de Liencres.Estoy paralítico cerebral,debido a que cuando nací,estaba asfixiado por causas desconocidas y gracias al oxígeno,me pude salvar de la muerte,pero no puedo hablar ni andar,pero escribo a través de una máquina electrica y con un casco que tiene un pincho con el cual voy dando a las teclas de escribir.

El objetivo de que yo escriba este artículo,es para que la sociedad se de cuenta de que los que no estamos normales,no dejamos de ser normales y que tenemos que te-ner derecho a la vida,a la educación,y al amor que es obli-gación de ustedes,que son muchos los obstáculos que poneis.

Si quiero ir al cine,como una persona corriente,pues no puedo ir por culpa de las escaleras puestas por la sociedad que le dice a los paralíticos que no pueden ir al cine.

La sociedad está haciendo un crimen horrible, al quitarles la felicidad a personas que no tienen culpa de su suerte.

La gente tiene pena de nosotros al pensar que los que esta-mos inválidos somos inútiles y dentro de nuestras posibili-dades,puedo decir que somos capaces de hacer muchas cosas.

En otros paises se está mas avanzado en este tema.Se organizan camping para paralíticos con servicios apropiados y me pregunto ¿Por qué aquí no lo hace el gobierno? Somos tres millones de paralíticos,bien vale la pena atendernos

Yo voy al colegio de Educación Especial,allí estudio, quiero decir con eso que soy un chico normal.Nos gustan las mismas cosas que al resto de la gente,nos gusta el cine,el teatro, la música,etc.

Tal vez me equivoque y no estoy contra los padres que tengan hijos paralíticos,ni muchos menos,pero creo que

También realizábamos muchas actividades, a todos nos gustaba mucho.

ACTUVIDADES

Al final del 1º trimestre se hizo un Nacimiento Viviente con la participación de todos los alumnos. De pastores estuvieron: Juan Lao Luque , Angel de Tena ,Milagros Muñoz, Jose Antonio Gordon, Jose Antonio Moreno,Daniel Medina, Fernando Chacon,Francisco Javier Pardo, Jose Maria Lobato,Alfonso Fuentes, Mª del Mar Romero , Manolo Garcia, Jose Luis Garcia ,Jose Antonio Bernabel.

DE San Jose ,estuvo Rafael Fernaandez de Liencre, de Virgen Eva Mª Hernandez, de Niño Jesus, Jesus Uceda.

Los Reyes Magos fueron,la directora Mercedes Sanroma Martinez como Gaspar la fisoterapeuta Victoria Anaya Peña como Baltasar y la auxiliar Angeles Garcia Sanchez como Melchor.

Los reyes obsequiaron a cada niño con un regalo,y los padres con un aperitivo.

En el segundo trimestre se organizo una excursión a las bodegas de Gongora de Villanueva del Ariscal..

A la llegada fuimos recibidos por todo el personal de las mismas.Se realizó un recorrido mostrándonos y explicandonos todo lo,que veiamos y sucedia en relación con la fabricación de los vinos.

Hacia el medio dia, nos situamos en un patio donde nos obsequiaron con un aperitivo, amenéeizando la estancia con baile por sevillanas. Los niños difrutaron muchisimo.

Tercer trimestse, haran la Primera Comunion Aalgunos niños del colegio: Eva Mª Hernandez, Juan Lao, Milagro Muñoz, Manolo Garcia, Jose Luis Garcia, Jose Antonio Bernabe, Angel de Tena.

La misa se celebrara en los jardines del colegio.

BENEFICENCIA

Cuenta con seis unidades educativas

SESENTA PARALITICOS CEREBRALES RECIBEN ENSEÑANZA EN EL COLEGIO ESPECIAL ABEN-BASSO

● Para lograr su objetivo primordial, la integración de estos niños, la Asociación ASPACE realizará una campaña

● En proyecto se encuentran la realización de una residencia, un club de tiempo libre y un centro ocupacional

En la carretera de Cádiz funciona el Colegio Aben-Basso, que cuenta con seis unidades de Educación Especial, con capacidad para sesenta niños paralíticos cerebrales. Este centro está regentado por el Ministerio de Educación y Ciencia, y en él colabora ASPACE (Asociación Sevillana de Padres y Protectores de Paralíticos Cerebrales). Desde su creación en 1978, ASPACE quiere resolver el problema colectivo de los paralíticos cerebrales, procurando por todos los medios legales y económicos a su alcance defender los intereses de todos los de la provincia de Sevilla. En la actualidad pretende realizar una campaña de divulgación que abarque a toda la sociedad.

Camen Mateos Prieto, asistente social de ASPACE, nos ha explicado los objetivos de la Asociación y la inmediata campaña de promoción y divulgación para que todos los ciudadanos conozcan las inquietudes, dificultades y problemas de los paralíticos cerebrales, niños con una deficiencia característica, y socialmente marginados, y colaboren para conseguir una total escolarización y unos medios de asistencia y trabajo de los que carecen la mayoría.

EL PARALITICO CEREBRAL.—Desde un punto de vista médico, Carmen Mateos nos definió la parálisis cerebral, si bien hay que decir que aún no se ha llegado a una definición que encuadre claramente al niño con parálisis cerebral. Las características de la parálisis cerebral son las siguientes: «Aparece precoz-

mente en la etapa más importante del desarrollo del cerebro del niño; persiste a lo largo de la vida; existe un trastorno motor como elemento característico, y la lesión neurológica no es progresiva, aunque esto no quiere decir que la sintomatología no cambie, y que interfiere en el desarrollo del sistema nervioso central».

El paralítico cerebral sufre marginación, olvido e incomprensión por parte de la Administración y de los ciudadanos en general. Individualmente el paralítico cerebral se encuentra limitado a nivel físico, porque necesita una silla de ruedas para desplazarse, y también personas que le atiendan en las tareas cotidianas. Suele ser su familia quien le ayuda en estos casos, y en ocasiones le busca un centro donde se pueda desarrollar a nivel intelectual y donde pueda rehabilitarse físicamente. No siempre se reconocen los derechos a la educación y al desarrollo de sus posibilidades, y es entonces cuando el paralítico cerebral ha de luchar por su integración, porque se le reconozcan sus derechos.

Afirma la asistente social Carmen Mateos: «La sociedad y la Administración se limitan a prestar servicios asistenciales deficientes y a conceder ayudas insuficientes para intentar cubrir las necesidades de escolarización, formación y trabajo».

TRAYECTORIA DE ASPACE.—Con la finalidad de procurar por todos los medios legales y económicos a su alcance defender los intereses de los paralíticos cerebrales de la provincia de Sevilla, nació ASPACE en 1978. ASPACE (Asociación Sevillana de Padres y Protectores de Paralíticos Cerebrales), que en la actualidad cuenta con trescientos socios, intenta promover la unión de todas las familias que tengan paralíticos cerebrales, e impulsa la ayuda mutua de estas familias, a la vez que solicita de la Administración las actuaciones necesarias para la formación, tratamiento e integración de los paralíticos cerebrales. Desde su creación la trayectoria de ASPACE ha sido ascendente.

En el curso 1979-80 la Asociación obtuvo un aula de paralíticos cerebrales en los locales del INSERSO, en la que se integraron diez niños atendidos por un profesor de Educación Especial del Ministerio de Educación, y una cuidadora y una fisioterapeuta contratadas por ASPACE. Los niños matriculados en el siguiente curso fueron veinticuatro, y las dos uni-

☐ Pasa a la Pág. siguiente

Viene de la Pág. anterior □

dades de Educación Especial que componían se ubicaron en el Colegio Catalina de Ribera, de los Jardines de Murillo. Se ocupaban de las clases dos profesores del Ministerio, dos cuidadoras y una fisioterapeuta, éstas últimas contratadas por ASPACE.

En septiembre del año 1981 el Ministerio de Educación, con la colaboración de ASPACE, puso en marcha cuatro unidades de Educación Especial para paralíticos cerebrales en el Colegio Aben-Basso, en la carretera de Cádiz. El Ministerio cedió cuatro profesores y la Asociación, con las aportaciones de los padres, sufragó los servicios de rehabilitación y el cincuenta por ciento del transporte de los niños En este curso el Colegio Aben-Basso cuenta con capacidad para sesenta niños paralíticos cerebrales, en seis unidades de Educación Especial, atendidos por seis profesores del Ministerio de Educación, dos fisiotepareutas y dos cuidadoras, así como un fisioterapeuta, cuatro cuidadoras y un asistente social contratados por ASPACE.

PRESENTE Y FUTURO.—Carmen Mateos, asistente social de ASPACE, nos explicó que la Asociación tiene una doble función, interna y externa: «Por una parte promociona la colaboración voluntaria de los padres de paralíticos cerebrales, y potencia la solidaridad entre ellos para que la entidad se fortalezca y sea escuchada en cualquier instancia o lugar. Defiende a los paralíticos cerebrales en lo que pueda lesionar sus derechos y evalúa sus necesidades. Asimismo, ASPACE lucha por la mentalización de la sociedad ante los paralíticos cerebrales, la integración de éstos y el conseguir para ellos la necesaria asistencia...».

Para llevar a cabo su misión cuenta ASPACE con la ayuda del INSERSO y del Fondo Nacional de Asistencia Social, así como del Ministerio de Educación, que cubren parte de los gastos. Con todo, estas ayudas son insuficientes en relación a las necesidades que los paralíticos cerebrales tienen planteadas. Uno de los actuales objetivos de ASPACE, que va a realizar en breve, es una campaña de captación de socios, como mentalización y a fin de obtener un aporte económico necesario para el funcionamiento de la Asociación.

Camen Mateos nos habló de otros de los objetivos a corto y largo plazo: «ASPACE quiere lograr la subvención total del colegio, y también crear una escuela de padres para que puedan realizar una mejor labor educacional. Otro de los objetivos sería el club de ocio y tiempo libre para que los paralíticos cerebrales puedan desarrollar actividades recreativas y culturales de las que carecen actualmente. En este club podrían colaborar de forma voluntaria las personas que lo deseasen, y así el club serviría de vínculo. A largo plazo la Asociación pretende conseguir una residencia para albergar a los paralíticos cerebrales que carezcan de hogar, y un centro ocupacional que proporcione trabajo o actividad, según las posibilidades de cada uno, para que el paralítico cerebral se sienta útil, y no una carga para la sociedad. Hay que decir que el objetivo principal de ASPACE es la integración social de los paralíticos cerebrales, integración que no es tarea unitaria de la Administración, sino que depende en gran medida de la concienciación de la sociedad».

Gloria GAMITO

Luego nos mudamos a Bellavista. Este sí era un colegio de verdad: un antiguo colegio militar, aunque no estaba acondicionado para alumnos con movilidad reducida, así que tuvimos que adecuarlo poco a poco, también con mucho sacrificio. A partir de aquí, la Consejería de Educación de la Junta comenzó a asumir parcialmente las necesidades educativas que nosotros teníamos como alumnos. Hasta 1996 la Junta no reconoció la labor de ASPACE apoyándola.

En este cole me llevé 20 años, en los que hice casi de todo. Por hacer, hice hasta la Comunión y la

Confirmación. Tengo que agradecer a todas mis profes y cuidadores por tener tanta paciencia conmigo. Gracias: Mercedes, Isabel, Carmen, y un sinfín de profesores, profesoras, cuidadores y cuidadoras, chofer etc.

El día 12 de junio del 82 hice mi Primera Comunión.La

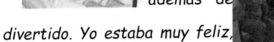

hice junto a tres compañeros, Rocío, María del Mar y José Antonio. Fue un día muy especial además de divertido. Yo estaba muy feliz, y acabamos celebrándoloen el chalet de mi tío Roque: comida, bebidas y tarta, además de cantes y algún que otro chapuzón en la piscina.

Invité a mi fisioterapeuta Dulop, del Hospital Virgen del Rocío, como una más de la familia. Todos me dieron regalitos, muchos regalitos.

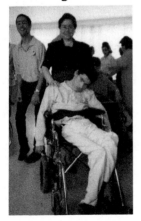

La confirmación la hice el 9 de junio del 98, también en el cole con mis compañeros. Igualmente la celebramos en el chalet, donde nos lo pasamos todos muy bien.

Junto a nuestros profesores y cuidadores hacíamos muchísimas actividades, yo siempre el primero, pues me encantaban todas: teatros, belenes, música, juegos, excursiones... En el cole hacíamos teatros, belenes o fiestas, y siempre teníamos nuestra orquesta. Todos participamos como músico, bailarín o representando un papel de teatro. A veces yo tocaba la pandereta con el pie y otras hacía de diversos personajes. En Navidad he sido pastor y Rey Mago, y dependiendo del teatro éramos un personaje u otro, hice de gitano y de príncipe. Eran muchísimos los ensayos, todo para que saliese perfecto el día de la actuación, y nuestros padres y madres, aparte de disfrutar mucho, veían a sus niños lo bien que lo hacían, representando la Navidad, haciendo la fiesta de fin de curso, el camino del Rocío en el cole, etc.

Algunas veces nos visitaron famosos: Manuel Pareja Obregón actuaba cantando y tocando la guitarra, aunque su instrumento preferido es el piano. Nos gustaba y animaba mucho. Mercedes conocía a un grupo de sevillanas y algunos de nosotros hacíamos de coro.

También hacíamos muchas actividades extraescolares. Todos los años no faltábamos a la Feria de Abril, una caseta de un distrito, la cual el Ayuntamiento nos la cedía exclusivamente para nosotros y después para jubilados. Era un rollo, pues teníamos que comer rápido e irnos para que entrasen ellos. A pesar de eso, nos lo pasábamos muy bien, pues estaba con mis compañeros y todos nuestros padres.

Fueron muchas las excursiones que hice con mis amigos del cole y profes. Nos acompañaban nuestros padres o madres. Conocíamos lugares y ciudades nuevas, aprendíamos muchas cosas interesantes, nos lo pasábamos en grande, y éramos como una gran familia.

Todas nuestras actividades eran a costa de vender papeletas, hacer fiestas y la aportación que hacía nuestro cole.

La excursión más llamativa fue la de las Islas Canarias, concretamente Tenerife. Duró varios días, estaba muy lejos y tuvimos que coger un avión, a mi madre le daba susto (bueno, creo que a todos...)

Allí nos hospedaron en un hotel, donde dormíamos, comíamos y reponíamos fuerzas para el día siguiente. Mi madre se enfadaba conmigo porque tardaba mucho en comer, y cuando las madres se quedaban más tranquilas yo seguía aún dándole la lata. Yo lo sé porque mi madre me lo contó muchas veces, en los momentos concretos yo no soy consciente de si lo hago bien o mal, y más cuando era un niño.

Fuimos al Teide, la carretera tenía muchas curvas y

 cuestas, estaba tan alto que atravesamos las nubes y quedaron debajo de nosotros. Parecía Heidi.

En esa carretera no cabían casi 2 coches, así que imaginaos un autobús; o peor, imaginaos cuando venía otro autobús de frente. Le llamaban "guagua" y eso me recordaba a las películas antiguas. Bueno, al final todos contentos y felices por acabar vivos.

Fuimos al típico parque de loros, donde los loritos hacen acrobacias, ese en el que todos los visitantes gastan todo el carrete del día haciendo fotos. Lo sé por la cantidad de fotos que hay por mi casa, jajaja. Bonito el recuerdo de cuando teníamos que decidir a qué hacer fotos, pues podías hacer pocas. Ahora se hacen por miles y no se les da valor.

Mi peor viaje fue el que hicimos a Granada, pues además de ser muchísimos kilómetros, el autobús no estaba preparado para las sillas de ruedas. Imaginaos los bandazos que dábamos mis compañeros y yo. Las madres nunca dejaron de sujetar nuestras sillas. Tampoco fue mejor el autobús que vino a recogernos. Pues sí, lo habéis acertado: el autobús se averió en plena carretera. Como este nos dejó tirados, vino un tercero que tampoco estaba adaptado. Un verdadero desastre. Imaginaos la situación y la indefensión. A pesar de todo, pudimos realizar el viaje y nos llevamos el bonito recuerdo de ver la Alhambra, una verdadera maravilla.

El viaje a Córdoba estuvo mucho mejor. Visitamos la Mezquita, que nos encantó a todos. Luego fuimos al zoo, donde recuerdo que había un mono llamado Manolo y, para rematar el día, nos llevaron a ver los famosos talleres orfebres de platería. Me recordó a mi padre, siempre haciendo manualidades.

Un compañero mío (bueno, sus padres), tenía un cortijo con toros bravos. Un día invitó a todo el cole a una capea. Cuando llegamos en el autobús, el chofer abrió la puerta y un toro grande metió la cabeza y medio cuerpo dentro, dándonos uno de los sustos más grandes de nuestra vida. En el cortijo, nos dieron una estupenda comida. Cuando acabamos, nos fuimos a la capea, donde muchos profesores y profesoras, cuidadores y cuidadoras se atrevieron a torear a la vaquilla (bueno, torear, torear... no. Solo marearla). Nos lo pasamos muy bien y nos reímos muchísimo.

Y qué contar de la discoteca Alcalá. No recuerdo cuál fue el contacto que nos invitó, pues todos los cachondeos que hacíamos eran con enchufe, ya que no podíamos permitirnos esos lujos, actuaciones, entradas, transportes, tentempiés... Recuerdo que todos estábamos alucinados, pues éramos niños en una disco, donde la gente bailaba y tomaba cubatas. Entonces pude saber dónde iban mis hermanos. Yo siempre me he preocupado por ellos: a dónde van, con quién se juntan, qué beben y, sobre todo, si consumen drogas. A mi hermano siempre le estoy preguntando y haciéndole jurar que nunca las pruebe. Allí lo pasamos genial y ver a mi madre con las madres de mis compis no tenía desperdicio. La diferencia era que ellas no bebían alcohol. Fue mi primer desmadre marchoso.

No todo eran jijis y jajas, pues todos los días tenía que madrugar, y mi madre me llevaba a la parada en Triana (estaba cerquita). A veces el viaje no era tan feliz, pues dependía del compañero que me tocaba al lado. Me he llevado bocados, patadas e incluso me han tirado del coche.

También visitamos museos, exposiciones y fuimos a teatros. En todos los sitios aprendíamos cosas nuevas y conocíamos la historia y a personajes célebres. Dentro de mí surgían necesidades, pues yo también quería ser alguien: un actor, pintor, escritor, cocinero o mecánico, ypor ello hacía de todo. Yo fantaseaba con mi hermano Diego con la de idea de ir a comprar un camión grande, pues mi padre fue camionero, ydetrás del camión pondríamos un bar con comidas y bebidas. Iríamoslos dos, de cocinero y camarero ambulantes de un sitio para otro, aunque no sé cuánto duraríamos, pues me gusta cambiar y probar cosas nuevas.

Tampoco todo eran diversiones y excursiones. Trabajamos todos los días la motricidad, la comunicación, las relaciones con los demás y saber valernos por nosotros mismos. Teníamos cocina para aprender a manejar los electrodomésticos y hacernos de comer. Mi cole tenía hasta lavadora. Yo era bibliotecario y oficinista. Tenía que tenerlo todo ordenadísimo, sobre todo los libros de la biblioteca, además de hacer trabajos relacionados con papeles. Para ello era muy importante la comunicación.

Las técnicas de comunicación eran diferentes y específicas para cada alumno. Yo comencé con pictogramas y una máquina de escribir. Pulsaba las teclas con una varilla curvada, adaptada a un casco. Creo recordar que se llamaba licornio. Imaginaos lo lento que era, pues además de saber a qué letra darle, tenía que tener puntería.

Posteriormente, pasé a escribir con mi pie derecho, era mi pie más obediente y menos protestón cuando me ponía nervioso, con un botín y una alcayata adherida a él. Fue un invento de mi padre, o eso creo.

Eso sí, con mi ordenador, con teclado adaptado y con mi impresora. Mi hermano se enfada mucho conmigo, pues yo soy tan decidido e inteligente y, sin embargo, tan reacio a probar cosas nuevas, nuevas tecnologías... Él me sugería programas informáticos, métodos, aparatos y yo encabezonado en el "no". Lo mismo es que adaptarme al mínimo cambio para mí es un mundo, muchas más horas aprendiendo y equivocándome innumerables veces. Si para todos es difícil adaptar los cambios, imaginaos una persona con discapacidad, con falta de motricidad o con menor capacidad intelectual (las palabras más técnicas me las chiva mi hermano, que traduce las mías, jajaja).

En el cole, hice mis pinitos como periodista y escritor, lo cual me inspiró y sacó de mí mis ganas por comunicarme. De esas experiencias en el cole, surgió protestar por la movilidad en silla de ruedas en el periódico del barrio "Triana y los Remedios", escribir mis muchas ediciones del "Paquetenteres" (periódico-revista familiar) y, sobre todo, darme ánimos y fuerza para escribir esta, mi biografía, la cual es inacabable pues sigo añadiendo nuevas experiencias vividas.

También realizábamos trabajos para el cole, como de jardinería. Yo planté un árbol. Teníamos un huertecito y todos colaborábamos en sembrar, regar y recolectar. Era muy emotivo y agradecido, pues todos nos divertíamos y éramos un equipo junto a nuestros profesores y cuidadores.

Los años pasaban muy rápidamente y ya dejaba de ser un niño, aunque a mí me gustaba ser cada día más adulto. El problema era que en mi cole Aben Basso ya no podía estar por mi edad.

Estuve varios años más, pasando la edad permitida (era un ilegal jajaja), pero llegó ese fastidioso día. Tuve que abandonar el cole, dejar allí a mis profes, cuidadores, y a la dire. Pasó mucho tiempo, meses o años sin yo ir a ningún cole. No lo recuerdo bien. Me animé a probar otro cole, pues mis compis estaban ya en el nuevo cole "Aspace", y comencé a ir porque pensé que iba a ser igual, con mis compis, profesores y cuidadores conocidos.

Los primeros días y últimos que fui (fueron 3 o 4) fueron malos y muy tristes. Era volver a los principios del Aben Basso. Pocos medios, no realizábamos actividades (y menos a las que estábamos acostumbrados) y parecía una guardería (más bien un aparcamiento de niños).

Le cogí tal coraje a ir al cole que decidí no ir más.

Con el tiempo, no sé por qué, pues estaban mis amigos y el cole estaba preparado para nosotros poder trabajar a muy alto nivel: ordenadores, gimnasios, monitores... Pero yo seguía sin querer ir a pesar de que mi hermanos, familia y personal del Aben Basso me animaban a volver a ir.

Aún sigo sin querer ir...

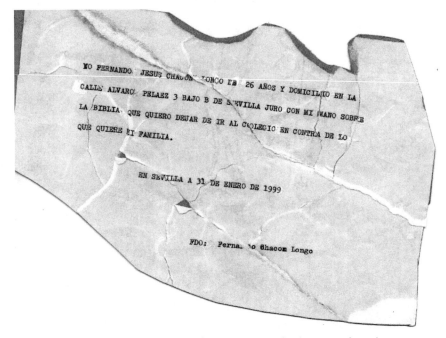

YO FERNANDO JESUS CHACON LONGO DE 26 AÑOS Y DOMICILIO EN LA CALLE ALVARO PELAEZ 3 BAJO B DE SEVILLA JURO CON MI MANO SOBRE LA BIBLIA QUE QUIERO DEJAR DE IR AL COLEGIO EN CONTRA DE LO QUE QUIERE MI FAMILIA.

EN SEVILLA A 31 DE ENERO DE 1999

FDO: Fernando Chacon Longo

Conforme pasaban los años, echaba mucho de menos a mis excompañeros del cole, tanto que se me ocurrió hacer una asociación de antiguos alumnos. Así podríamos quedar, vernos, hacer actividades e incluso excursiones. Los echaba tanto de menos...

Recopilé con la ayuda de profesores, madres y mi agenda todos sus nombres, direcciones y teléfonos. Llamamos y escribimos a todos (eran cientos) y después de varias reuniones con 3 o 4 alumnos, con su padre o madre, este fue el resultado.

Con mucha ilusión

y no con poco esfuerzo

hice mi asociación

que, por ella, hasta rezo.

A la primera reunión

solo asistimos tres.

No me daban la razón

por lo cual me desmoralicé.

Mi asociación es disfrutar,

realizar actividades,

salir a pasear

y dejarnos de formalidades.

Quiero que la próxima reunión sea diferente

que todos den su opinión

y que vaya mucha gente.

Pero ya todo pasó

y ahora en el presente

después de la última reunión

no hago más por la gente.

Solo era cuestión de llamar,

si para ellos la vida es pasar

y los padres observan desde el

sofá, la verdad, "que pena me dan"

Viviendas

Capitulo III

Antes de yo nacer, mis padres y hermanos vivían en Triana, en el Turruñuelo. Era un castillete en una azotea. De esa casa (bueno, habitación) solo tienen recuerdos mi padre y mi madre. Yo solo sé lo que mi madre me cuenta a mí y a mis hermanos, pues ellos eran pequeños.

Yo nací en Triana, en otra casa, concretamente en la barriada de la Dársena, unas casitas pequeñas, unidas todas, adosadas, formando entre ellas calles peatonales muy singulares. Gran parte de nuestras vidas se desarrollaba en esas calles. Los niños jugaban y correteaban, mientras las madres fregaban en barreños de zinc y un fregadero, o preparaban la comida en la misma calle, bajo los rayos del sol. Los padres, con la radio o la tele del vecino afortunado, escuchaban o veían en la acera-calle algún que otro partido de fútbol, acompañados de unas cervecitas o tintitos. Otras veces jugaban unas cartas o un dominó, todo ello decorado por casas blancas de cal con muchas y variadas macetas de colores, donde no faltaba la ropa tendida, levantada por las típicas "trancas", palos que alzaban los cordeles, para poder pasar por debajo de ellos. Eso era realmente vivir en comunidad. Los niños más grandes y traviesos les daban patadas a las trancas y salían corriendo.

Muchas horas pasaba al día tomando el sol en mi cochecito y viendo a todos niños y mayores pasar. Todos me saludaban cordialmente y, a veces, jugaba con los demás niños y mis hermanos.

Eran tantos los juegos y tan divertidos: trompos, canicas, el teje, elástico, estampas...

Las estampas me gustaron tanto coleccionarlas que actualmente hago mis propios álbumes. Los que más me gustan son de famosos, artistas y cantantes. Como los hago yo, pongo a mis artistas preferidos, que yo elijo en internet. Mi hermano las imprime y mete las estampas en un sobre, yo los abro como si me los hubiese comprado en un quiosco y las pegamos en el álbum, pues son adhesivos. Todo hecho por nosotros.

Todos no fueron buenos recuerdos. Los recuerdo o me los contaron tantas veces que los recuerdo como vividos. Una vez se desprendió el techo sobre una de las camas de mis hermanos. Esas casas tenían muchos años y, os podéis imaginar, la luz era de 125. Lo sé porque siempre hablaban de los aparatos eléctricos, e incluso todo eran transformadores y clavijas. Y no había mando a distancia.

Otra vez me asusté mucho. Mi hermano hizo chorizo al infierno, y como iba a apagarse, le echó más alcohol, el bote prendió y mi hermano, que tendría 9 o 10 años, lo lanzó, yendo a parar contra la puerta que empezó a arder. Gracias a mi madre que lo apagó no ardió la casa de milagro.

Cuando las casas ya no se soportaban de pie, nos ofrecieron mudarnos. Algunos vecinos se negaron, pues era Triana. Los que tenían algo de más dinero cogieron uno de los pisos que edificarían en nuestros terrenos, mi madre luchó hasta el final para que a mí me dieran un bajo o un primero, pues los pisos no tenían ascensor.

Con poquitos años, ya nos mudamos obligados y engañados a unos de los barrios más modernos y a la vez uno de los más problemáticos de Sevilla, con muchos parques, zonas de juegos y servicios en general: la Barriada Murillo, llamada vulgarmente las 3000 viviendas.

Fue habitado por familias que vivíamos en Triana en casi casas adosadas, hasta familias que se les inundaban las chabolas. Al final todos eran terrenos que querían edificar.

Recuerdo que mucho tiempo lo pasaba en mi terraza, pues vivía en un primero. En ella esperaba a los niños venir del cole para bajarnos a jugar, también veía a mi madre barrer la calle con las vecinas, y me distraía ver los coches pasar.

Dormía en una litera, mi hermano Diego arriba y yo debajo. Para llamarlo, golpeaba una pandereta que colgaba de una esquina, uno de sus inventos, igual que ahora cuelgan unas campanas de mi coche, invento de mi madre, esas que venían con las botellas de anís, para poder avisar a mi madre o hermanos.

Con mis padres y hermanos me comunico de diferentes formas: a veces escribo, otra forma es contestar sí o no, que, con tanto comunicarnos, con mover levemente la pierna me entienden. Realizar un gesto o movimiento significa cosas: por ejemplo, levantar el pie significa, pipi o caca, algo que controlo perfectamente, e incluso a veces tengo que esperar como todo el mundo.

Otra cosa más en la que se equivocó esa eminencia médica llamada doctor Toledo. Al igual que la de no aprender el alfabeto, pues yo nunca llegaría a escribir una palabra pues sería un vegetal. Sin comentarios

También ayudaba en la casa como el primero. Cogía mi plumero y con ayuda de mi hermana limpiaba las figuritas, con mi hermano Diego limpiaba caracoles y ayudábamos y seguimos ayudando a hacer aliños, comidas en Navidad y celebraciones...

Una vez me corté con un cuchillo por querer limpiarlo.

Lavaba los caracoles al fregadero, frotándolos con mi mano derecha y la izquierda de mi hermano, sentado en una silla trona de hierro. Era muy divertido, pues, además de darme asco, se me escapaban.

Ah, yo le aliñaba a mi hermano las ensaladas y tomates. Cuando no miraba, le echaba más vinagre de la cuenta, también cuando le echaba limón a su filete y él miraba la tele, le echaba a las papas y el huevo, yo esperaba a ver la cara fea que ponía y le echaba la culpa a mi madre, pues el huevo estaba muy fuerte.

A mi padre le dio un infarto con 35 años y tuvo que dejar de ser camionero. Como mi abuela tenía un local también en Triana (era un lavadero) fue heredado por todos mis tíos, y se lo cambiaron por un local en las 3000 viviendas, mi padre puso una semillería y mi tío Pepe cogió otro y puso una ferretería al lado, pero era mi tía Eli la que lo trabajaba.

La mitad de la semillería estaba llena de herramientas de mi padre, que hacía de todo, reparaba electrodomésticos, tallaba maderas, todo tipo de bricolaje, motorcitos e incluso coches averiados en la puerta.

Allí iban mi hermano y mi madre, e incluso yo a veces. Yo iba de jefe, miraba y vigilaba a todos. Mi padre se despistaba y se iba a tomar una cervecita al bar de al lado, y cuando tenía que comprar con el coche se perdía toda la mañana, jajaja. Mi hermano también salía a comprar y repartir, y también estaba más tiempo de mecánico que de semillero.

Mi madre se sacrificó durante muchos años ahorrando y con la ayuda del sueldo de mis dos hermanas y la ayuda de mi tío Pepe pudo comprar un piso en Triana, un bajo que con mi movilidad era imprescindible. Yo también colaboré aportando parte de una pequeña paga que me daban. Mi hermano Diego iba a su bola, motos y coches.

Triana me encanta pues tenía todo lo que deseaba: bajar un escalón y tengo tiendas, iglesias, Semana Santa, Feria, Velá de Santa Ana, y muchos bares a los que me llevaban mis hermanos de tapitas. También me gusta porque tengo a mucha familia viviendo en Triana, tíos y primos.

Actualmente, mis hermanas viven en sus pisos en Triana, mi hermano en Villa Diego, una casita en el campo, y yo con mis padres sigo viviendo en el Tardón, Triana.

El Tardón no es su nombre real, se llama la barriada de San Gonzalo, con más de 60 años. Lo apodaron el Tardón por ser el nombre del paraje con árboles al final de San Jacinto, donde lo edificaron. Siempre pensamos que fue por las décadas que tardaron en construirlos, eran pisos de protección oficial.

Al ser una construcción muy antigua, tiene unos muros enormes, y al ser un bajo, la humedad sube del suelo, pues a pocos metros hay agua ya que estamos entre el Guadalquivir y el brazo de río navegable que atraviesa Sevilla. Mi madre nos contaba que, hace muchos años, Sevilla se inundaba cada dos por tres. Es un piso muy fresquito, pero en invierno hace mucho frío.

La iglesia de San Gonzalo la tengo cerquita, a 100 metros, en el Barrio León, y muy cerquita, la O, la Estrella, el Cachorro, la Esperanza de Triana (¿qué más puedo pedir?). Me gusta verlas sin ser Semana Santa, y la Virgen del Rocío en la calle Evangelista. Triana es tan cercana a todo lo que me gusta, que solo viviendo allí soy feliz. Con cruzar el Puente de Triana puedo ir a ver y rezar a San Expedito, que está en el centro. Me llevan mis hermanas y mi madre (mi hermano rodea todas las iglesias, jaja).

Mi hermano es más de llevarme a bares de flamenquito, pues en Triana hay muchos, he ido incluso a ver a mi primo Javier que actúa cantando, su mujer Nuria como bailaora y mi sobrino Javi, que toca la guitarra y el flautín (no me pierdo ninguna). Han actuado hasta en la Velá de Santa Ana

Todos los años veo salir y llegar a la Virgen del Rocío, pues me coge muy cerquita, luego una coca cola y una tapita.

Pero todo no era fiesta, también deporte, en Triana vi pasar la vuelta ciclista a España, por la calle Castilla, donde mi hermano tenía la tienda taller de motos, la verdad no me hizo mucha gracia pues no me gustan las bicis. Lo que sí me encantó es ver el maratón de Sevilla, pues iban chicos con discapacidad corriendo o en bicis adaptadas, y al final muchos niños en sillas de ruedas. Todos los espectadores les aplaudían al pasar e incluso más que a los que iban primeros. Eso me hizo pensar, y le dije a mi hermano de apuntarnos al año siguiente. Empezamos a entrenar y recorríamos la Ronda de Triana, Isla de la Cartuja, hasta llegar al parque del Charco de la Pava. Yo iba en mi coche y disfrutaba mucho,e incluso me picaba con gente que hacía footing, mi hermano no disfrutaba tanto pues venía detrás mía corriendo y empujando mi silla de ruedas, el pobre no hacía deporte desde hacía años e iba asfixiado. De ahí que me fabricara una silla de ruedas deportiva, que se acoplaba a su bicicleta.

Era muy bonita, yo le ayudaba con el diseño, pues todo era hecho a mi medida, postura, asientos, cinturón, e incluso un timbre para avisarle si tenía algún problema.

Actualmente vivo en el Tardón y, sinceramente, no creo que nos volvamos a mudar. Si tuviésemos dinero nos mudaríamos a las casitas del Barrio León, por tener patio donde yo pueda ver la calle, tomar el sol, y poder tomarnos unas tapitas con mis hermanos y sobrinos, pues me encanta pasarlo bien.

Mis Vacaciones
Capítulo IV

Mis vacaciones... después de mi trabajo, son mis merecidas vacaciones. Desde niño, he sido muy trabajador. Creo que mis profes y familiares lo confirman, por eso todas mis vacas, todas toditas todas, las he disfrutado. Yo sé que después de un año, mi padre y mis hermanos tienen vacaciones, y en el cole es igual.

Todas fueron muy variadas, tanto por destino, vivienda, como por economía. Casi todas, por Andalucía y siempre con mi familia.

Podría decir, si la memoria no me falla, que las más divertidas fueron las primeras, en Sanlúcar de Barrameda.

Era la época cuando se podía acampar en la misma

playa, cada familia llevaba una tienda grande con varias habitaciones y una tienda cocina. El cuarto de baño para nosotros los niños, era el monte de la Jara. Decíamos "voy a ver la virgen", pues íbamos "almonte", jaja. Imaginaos seis o siete familias y todas las tiendas formando un gran círculo como indios, unidas todas con grandes toldos. Era como una gran familia con numerososmiembros, sobre todo niños.

Mi padre y mis tíos llevaban todo lo necesario en su camión, cargaban, llevaban y descargaban todo de todas las familias unos días antes, y cuando llegábamos estaba todo montado y preparado para disfrutar.

Mi padre se volvía a Sevilla a recoger el coche y llevarnos a todos. Era un Seat 1500. Tardábamos mucho, pero era muy divertido, tenía radio y me ponían cintas de los payasos, o canciones de niños. Mis hermanos cantaban, podían ir 3 en el asiento delantero. Yo hacía todo el camino jugando con un muñeco, o un juguete, más tarde con un dado (cubo de Rubik), siempre ayudado por la mano de mi hermana Reyes.

Las familias las componían mis tíos y primos, amigos de mis padres o amigos de mis hermanos y primos.

Mientras los niños jugaban en la playa y las madres cocinaban, los padres iban a la compra y a por hielo, de camino hacían una paradita en el chiringuito (imaginaos cómo llegaba el hielo).

Cada familia tenía un espacio para sus mesas y sillas de camping, aunque a la hora de comer, nos repartíamos por edades y según la comida que tenía cada mesa. Por ejemplo, mi hermano Diego siempre comía donde había papas fritas, daba igual que fuese de mi tía Antoñita, mi tía Manolita, los amigos Eduarda y Carmelo, o la familia que fuese. La siesta era sagrada.

Por las mañanas, íbamos a la zona de rocas, los corrales, a coger navajas, pues era muy divertido. Consistía en echar sal a la entrada de su cueva y hábilmente cogerlas cuando salían a respirar.

Estaban riquísimas, aunque yo no las comía porque era muy pequeño.

Por las noches, mi hermano Diego y mis primos se iban a la orilla a pescar y traían mojarritas. Todas las noches, excepto las noches que íbamos al pueblo, a Sanlúcar, o Chipiona, a comer "pescaito" y los niños hamburguesa, luego nos comíamos un heladito.

En la misma playa, alquilábamos burritos. Era muy divertido porque subíamos por las dunas del monte y, al bajar, me hacía cosquillitas en la barriga.

Aunque me asustaban muchas de las travesuras de mi hermano, me lo pasaba bien. Nunca tuve miedo, porque mi familia siempre me protegía. Los burros estaban enseñados a volver solitos con su dueño. Una vez a la semana, creo que los jueves, había una subasta de pescado en Bonanza, puerto pesquero de Sanlúcar. Podíamos ver cómo los restauradores y pescaderos pujaban a la baja. Nosotros, con una bolsa, íbamos detrás de los carros con cajas que llevaban desde los barcos el pescado y cogíamos todos los que se caían.

Tenían tanto que no les importaba.

Aprovechábamos la salida y luego nos íbamos al Dique, bar típico para comer pescadito frito con un refresquito. También íbamos algunas noches.

Fue muy triste el año que prohibieron poder acampar en la playa. Pero no nos impidió seguir veraneando. Cambiamos a Chipiona, alquilábamos para todos alguna casa o piso. Ya no fue lo mismo, pues no estábamos en la playa y en los pisos no cabíamos todos.

Mi madre, mi tía Manolita y Antoñita decidieron cambiar nuevamente, y comenzamos a veranear en Nerja. Eran apartamentos y cada familia alquilaba uno. Estaba a pie de playa, y el pueblo nos gustaba mucho. Estuvimos varios años, hasta que mi hermana Inma y mi cuñado Mariano se compraron un apartamento en Benalmádena.

Allí es donde aún veraneamos. Es muy divertido y, a

pesar de que está un poco alejada la playa, me gusta mucho. Tiene piscina a la que bajamos casi todos los días y, cuando viene mi hermano, nos lleva a todos a la playa. Me encanta cuando vamos a una playa adaptada para mí y mi coche. Me subo a los coches que flotan y me baño sentado. Es por diversión, porque siempre me han bañado mi padre o hermanos.

Me divierto mucho salpicando, nadando (siempre agarrado) ycon alguna ahogadilla.

El pueblo me encanta, vamos a comprar, a tomar tapitas, y muchas veces al Tivoli. Allí vi a mi ídolo número 1: "La Pantoja". Fue mi primera gran sorpresa. Ah, también vamos a Puerto Marina, puerto deportivo de Benalmádena, con muchas tiendas, barcos y bares. Allí, bajas del apartamento y entras en el barco directamente. Vamos de turista, jajaja, pues todo es lujo.

Desde allí hacíamos excursiones: hemos ido al pueblo de Benalmádena en la montaña, pues a lo que llamamos Benalmádena, realmente es Arroyo de la Miel. Otro día nos llevó mi hermano al Pueblo Pitufo, Juzcar. Era todo azul decorado con pitufos y pitufas.

Cada año hacemos una excursión: Puerto Banus en Marbella, Fuengirola o Málaga, a comer pescadito al bar donde se subasta tapas de pescado. No se pide tapa, se compra conforme los subastan "llevo boquerones, llevo boquerones, ¿quién quiere boquerones?". Son camareros con grandes bandejas repletas de una sola variedad de tapas, el servicio es rapidísimo y nos gusta mucho. Otro año fuimos a Nerja (me gusta recordar viejos tiempos), comimos en el restaurante donde comían los de Verano Azul. Te puedes hacer fotos con el camarero que atendía al Piraña, a su pandilla y los padres. Sigue haciendo paellas gigantes y buenísimas.

Bueno, en todos los sitios donde he veraneado me lo he pasado muy bien, me he divertido tanto que a todos me gustaría volver. Tanto me gustan los cachondeos y trabajar de periodista, que hasta mato dos pájaros de un tiro, me apuesto con mi hermano acabar mi libro e irme de vacaciones, jajaja.

Yo Fernando y mi hermano Diego, nos hacemos la siguiente apuesta:

Si yo, no acabo el libro antes del 2017, el me regala una semana de vacaciones en Nerja.

Y si yo acabo el libro antes del 2017, le regalo unas vacaciones.

Fernando

Diego

Sevilla, 31 de Julio del 2017

Aficiones y sorpresas

Capítulo V

Cuando yo era peque, jugaba como todos los niños, pero debido a mi movilidad reducida, mis hermanos me adaptaban los juegos (bueno, aún sigo jugando, jajaja).

Eran de lo más divertido, pues eran prácticamente inventos. Comencé con coger y mover objetos con mi mano, movida por la mano de uno de mis hermanos, pues la mía no tenía fuerza. Eran pelotitas, dados, cuerdas... Esto me distraía en mi casa y en mis viajes.

Al ser pequeñito, mis hermanas me subían en brazos y participaba en juegos como la comba, el elástico, el teje, etc. Aunque también jugábamos a los cromos y a los recortables.

Un juego que me encantaba era inventar historietas con una colección de botellitas, donde cada una representaba a un familiar por su parecido físico. Mi padre era JB, alto y redondo; mi madre, Rives, bajita; mi hermano Diego, Negrita, por negrito... Así todos: tíos, primos, etc. Y moviéndolas como si fuese un Playmobil, haciendo teatros, recreábamos fiestas, vacaciones, reuniones, etc. Actualmente, en el 2017, he vuelto a coleccionar botellitas, donde ahora están mis cuñados, sobrinos e hijos de primos. Cuando salía con mi hermano y veía una botellita en una tienda, la comprábamos. Mi hermano me ha regalado un lote de decenas de botellitas. Ahora me faltan familiares y me sobran botellitas.

Con mi hermana Inma hacíamos teatro, cantábamos cambiando las letras de las canciones, e incluso jugábamos a tener una emisora de radio, todo ello grabado por mi antigua cámara Sonic. Grabar con la cámara de video ha sido, es y será una de mis aficiones preferidas, pues con ella inmortalizo todos los acontecimientos: grabo todas las bodas, bautizos, celebraciones y fiestas de toda mi familia.

La primera cámara de video que tuve la llamaba "la gorda", pues era muy grande. La pobre se partió en la puerta de una iglesia, pues se cayó en una boda. Me regalaron otra que llamé "la canija" pues, al no ser tan antigua, era más delgadita y pesaba menos. Actualmente, tengo una muy chiquitita, paso las películas directamente al ordenador y luego grabo cds. Se llama "Rosana", pues es rojita. Tengo tantos videos vhs, cds de películas familiares, series y música, comprados, regalados o que estaban dentro de internet, que mi madre está muy mosqueada porque tengo paredes llenas de estanterías.

Me gusta tanto mi cámara que estoy haciendo al igual que hago con mi libro: hago mi cortometraje y, cómo no, yo soy el protagonista. El cortometraje es también mi autobiografía, grabando con mi cámara a familiares, representamos mi vida. Me es muy difícil, pues los actores son difíciles de reunir y ya están mayorcitos para hacer de cuando éramos niños. Estamos haciendo un montaje de videos antiguos que fueron grabados por mí.

Al tener toda mi vida grabada, es más fácil.

Recuerdo de chico que, en la mesa del comedor, hacía con mi hermano Diego un laberinto de palitos y tablas, tipo máquina recreativa de tacos. Inclinando la mesa, como si fuese una de esas máquinas de bolas de los bares, hacíamos descender las bolas, muchas bolas, bolas de cristal, cerámica y acero que se agolpaban al final. Cuando el peso de las bolas rompía la barrera final, todas caían al suelo, originando un gran estruendo. Tal era, que nuestra vecina del bajo, Rocío, subía toda asustada. Recuerdo que ella tenía un loro que decía "José Manuel, el Cola Cao. José Manuel, el Cola Cao".

Me encantaba meter la mano en un recipiente lleno de bolas, puzzles o piezas de algún juego. De ahí surgió el gustarme lavar caracoles, eso sí, después de ir a cogerlos. Bueno, yo miraba como mi padre y mis hermanos los cogían. Era muy divertido.

Hacer puzles con mis hermanas me entretiene mucho, pero lo que más me divierte es jugar al Monopoly, dados, cartas, o dominó con toda mi familia, aunque es difícil actualmente, pues no coincidimos todos juntos para jugar.

Hace tiempo tuve una gran colección de clicks de Famobil, con una caravana, casa, coche, etc. Todos los días, mejor dicho, todos los sábados, pues mis hermanos iban al cole, creaba una historieta con mis clicks.

También dibujo y coloreo. Me gusta tanto que llegué a montar una empresa familiar de pintar camisetas a gusto del cliente familiar.

Posteriormente hice tres cursos de pintura. Allí es donde comencé a pintar con el pie, mi botín con soporte y un pincel recortado. Es muy difícil, pues el pincel tiembla mucho y no me sale como quiero.

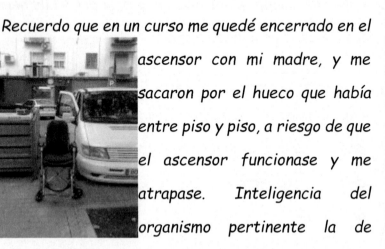

Recuerdo que en un curso me quedé encerrado en el ascensor con mi madre, y me sacaron por el hueco que había entre piso y piso, a riesgo de que el ascensor funcionase y me atrapase. Inteligencia del organismo pertinente la de hacer un curso para personas con movilidad reducida en un segundo piso, habiendo aulas enel bajo. Al igual que valorar el problema de circular con mi coche por calles entre coches o entrar enteatros, locales... Sobre todo, cuando hayun acontecimiento o fiestas, a pesar de los inconvenientes, no me pierdo ni un cachondeo al que puedan llevarme.

¡Hola! Me llamo Fernando Chacon Longo, la presente carta es por dos motivos, el primero, es rogarle el poder visitar vuestras instalaciones, cuando usted lo crea conveniente.

Soy un chico con parálisis cerebral, por lo cual no puedo andar, ni hablar, pero para mi no es impedimento hacer como vosotros, un periódico. El mío es familiar, pero muy interesante y esta escrito como esta carta, con el "pie derecho" (llevo para el primer ejemplar, seis meses, ya que solo escribo los Domingos)

"Carta al director"

Sr. Director:

Es lamentable que en nuestra ciudad, y sobre todo en mi barrio que es Triana, personas como yo, con parálisis, que dependemos de una silla de ruedas, no podamos, acceder a las aceras. Pues los vehículos, obstaculizan el paso, incluso haciendo imposible la circulación sobre ellas, pues son algunas muy estrechas, papeleras y señales mal situadas, y veladores acaparando todo el acerado.

Me gustaría, hacer un llamamiento, a los ciudadanos, al Ayuntamiento, y sobre todo a la policía local, que se pongan en mi lugar, patrullando un día en una silla de ruedas.

FERNANDO CHACON LONGO

De mi mosqueo y una carta al director de un periódico, comencé a escribir en periódicos.

Diario de Sevilla

EJEMPLO DE SUPERACIÓN EL PEQUEÑO DE LOS CUATRO HIJOS DE UN CAMIONERO SE SOBREPUSO A LA ADVERSIDAD

El Maradona de la prensa

- Fernando Chacón Longo nació con parálisis cerebral y mediante una alcayata conectada al pie derecho ha hecho realidad el sueño de dirigir un periódico

FRANCISCO CORREAL 07 DICIEMBRE, 2008

Quien lo conozca, volverá a creer en un oficio que él adora. A Fernando Chacón Longo le cortaron las alas al nacer. 31 de marzo de 1972. Noche del Viernes Santo. "No había mucho personal, le tenían que haber hecho una cesárea a mi madre y nació con parálisis cerebral", dice su hermana Reyes. Pero Fernando volvió a volar.

Es el pequeño de los cuatro hijos de Diego Chacón y Consuelo Longo. El padre era transportista de camiones. La madre, a su modo, es transportista de la inseparable silla de ruedas de su hijo. Se parece a las que usan los directores de cine, pero su ilusión fue ser director de periódico. Y a fe que lo consiguió. En la ficha técnica del rotativo familiar *¡Pa que te enteres! (El periódico de tu familia)*, Fernando consta como director, redactor-jefe, jefe de fotografía, periodista y responsable de maquetación. Del resto se encarga su hermano Diego, con el que se dedica a buscar noticias, la mayoría relacionadas con su familia.

Cuando a Diego lo trasladaron a Tarifa, donde imparte Automoción a alumnos de Formación Profesional, Fernando se vio privado de su principal aliado, que acude a su reclamo siempre que puede. Dirige el periódico con más exclusivas del mundo porque en ningún otro medio aparecen. "El motivo de hacer este periódico es poder transmitiros mis deseos de comunicarme, a pesar de ser un poco lento", escribía en el editorial del primer número que ha sacado. "Como ejemplo, en esta página tardo tres domingos".

Como Monterroso o Juan Rulfo, Fernando Chacón Longo no se prodiga, pero su obra es de las que dejan huella. "Este periódico me anima y me hace sentirme feliz, ya que disfruto de cada palabra que escribo". Empezó escribiendo con un cabezal; con su parálisis, la creatividad nace allí arriba pero se transforma en energía y se plasma en palabras más abajo. Fernando es un Maradona del periodismo, el único para quien decir que escribe con los pies debe entenderse como un halago. Después de muchas probaturas, le aplicaron en el pie derecho una alcayata con la que presiona sobre el teclado de su portátil.

Sus hermanas Reyes e Inma, higienistas dentales en la consulta del doctor José María Llamas, lo entienden sólo con mirarlo. Tenía muchas ganas de conocer a un periodista de carne y hueso, como él mismo, y el próximo paso será visitar la redacción del periódico.

"No nos deja criticar a ningún periodista, ni siquiera a los del corazón. Dice que hacen su trabajo. Tampoco le gusta que nos metamos con el carril-bici". Su periódico contiene diferentes secciones: Noticias, Cotilleos, Celebraciones, Viajes, Sorteos, Horóscopos, Pasatiempos, Humor, Cocina. Fernando se atreve con recetas como el pollo relleno, el salmorejo cordobés o el truco de cebollas que no hacen llorar.

"El primero que tuvo cámara de video en casa fue él", dicen sus hermanas. "Lo graba todo: los bautizos, las comuniones, las bodas". Corresponsal de la *BBC* en el Tardón, con ayuda de su hermano Diego, el que se fue a hacer windsurf a Tarifa, grabó a la Trianera de vuelta por Pagés del Corro y tiene imágenes con las diferentes portadas de la Feria. "Cuando hay reuniones familiares, es porque él las convoca. Uno de nuestros primos siempre le dice: 'Fernando, organiza algo", comenta Reyes.

Tiene un sentido riguroso del periodismo. No da una noticia sin antes confirmarla y es objetivo a pesar de ser juez y parte. En los diferentes números ha dado primicias del siguiente porte: "Se derrumba el techo del cuarto de baño de la familia Chacón Longo", "Todo un éxito la operación de la vista hecha a la tita Encarnita", "Miguel se cae de una escalera, afortunadamente sin consecuencias", "Diego comienza a trabajar en Mercedes Benz", "Proyecto de joyería a cargo de David y Patricia". Conocedor de los géneros, cada número incluye una entrevista, bien con Marta Chacón con motivo de su traslado a Tenerife por motivos de trabajo, o con Pedro Martínez, padre del primer niño internacional de la familia, producto del matrimonio con una polaca. Sus hermanas le regalaron una placa con la palabra *Director* que colocó en su cuarto.

Los tres números editados por Fernando salieron en 2000, 2003 y 2007. "Sólo nos deja escribir cartas al director", dicen las hermanas del singular *Ciudadano Kane*. "Ahora tiene abandonado el periódico, porque ha empezado un libro". Explica que sólo lleva una página. Le gusta saber cómo nació. "Posee muy buena memoria, a veces obsesiva". Tiene ganados el Pulitzer y el cielo, donde se fue su tía Manolita, hermana de su padre. Hizo la comunión y lo confirmó Monseñor Amigo. Un director de periódico que piensa en el lector: "Ahora os dejo que disfruteis del contenido, así que relajaros, sentaros en un sofá cómodo, apagar el televisor y poner el cartel de no molestar".

Lo que me encanta, y nunca se acaban, son las sorpresas. Sorpresas que me dan mi hermano Diego y mi familia. Siempre me están dando sorpresas: consisten en llevarme a sitios que yo no sé cuáles son hasta que llego. A veces, no sé el día ni la hora.

Todo surgió un día que se presentaba muy tranquilo, hasta que por la mañana apareció mi hermano Diego para cortarme el pelo y bañarme. Me sorprendió que me vistiera para salir, pero más me sorprendió que me subiera en la furgoneta. Eso significaba que iba a ir lejos de Triana.

Recogimos a mi hermana Inma y mi cuñado Mariano en su casa y a Carmen, la amiga de mi hermano Diego. Cogimos la carretera, más carretera y mucha más carretera, y eso que decían que iban a comprar un mueble. Después de dos horas de camino, mi gran sorpresa fue que estábamos en Benalmádena. Albajarme, vi el maletero lleno de bolsas y maletas. El corazón me iba a estallar, pues no me lo esperaba. ¡Vaya sorpresa!

Allí nos quedamos el fin de semana. También estaban mis sobrinos Dieguito y Mariano con su abuelo.

Pero la sorpresa no acababa aquí, pues me llevaron al Tívoli y, pararematar, un concierto sorpresa de "Se llama copla".

Todos me engañaron para sorprenderme y me gustó tanto que, desde ese finde, solo quiero sorpresas y más sorpresas.

Ahora solo deseo sorpresas, que sean muy variadas, como dije: no saber el día, ni a dónde voy, me pone muy excitado. Mi hermano me lleva por sorpresa a conciertos copleros, un paseo por el río, parques, ferias, tunas, paradas del Rocío e incluso mi cumpleaños sorpresa. Me gusta tanto que quiero hasta trabajos extras sorpresa, mi periódico, mi libro, cortometraje, carátulas, almanaques, etc.

A veces, mi hermano me da sorpresas para

asustarme. Una vez me secuestró, mellevó a su casa y le pidió a mi madre unrescate. Mi madre le pagó, pero mi hermano, el gili, poco pudo comprar.

Nunca quiero dejar de trabajar ni dejar de tener sorpresas, por eso hice un trato con mi hermano.

Tratado de compromisos de Diego y Fernando

Diego

- Conduciendo no puedo beber, solo un poco (una cerveza).

- Días entre semana una copa o una cervecita, fines de semanas o días de fiesta un poquito más, sin conducir.

- Un día a la semana trabajare con Fernando, si no puedo se acumula para la semana siguiente.

- La hora de trabajar será las 11h.

- Tengo que llamar a Fernando por teléfono, todos los días que no vaya a verlo.

- Una tarde a la semana, le tengo que dar clases, de música, de pintura, informática etc.

- Cada dos semanas tengo que darle una sorpresa chica y cada mes una grande. (no cuentan regalos, solo salidas y viajes)

Fernando

- Me tengo que portar siempre bien, no gruñir, ni tirarme.

- Tengo que estar derecho en mi coche.

- No tengo que obligar a mis hermanos a comer ni a quedarse.

- Cuando me preguntan, tengo que contestar y que me entienda (no ser flojo).

- Tengo que comer rápido y todo lo que me digan.

- Probare todos los inventos de mi hermano Diego, excepto el respaldo y el ratón.

Firmado Diego

Firmado Fernando

Un día, mi hermano me hizo chantaje, pues me hizouna foto como si estuviera borracho. Yo siempre he bebido agua o Coca- Cola (bueno, y mi Cola Cao). Menos mal que mi madre no se lo creyó.

Lo del almanaque fue una vez que mi hermano me hizo uno personalizado. Cada mes iba con una foto de algo que yo había vivido: fiesta,

celebración, espectáculo... del mes del año anterior. A partir de ese año, yo me hago mi almanaque todos los años.

Por ejemplo: ver salir a la Virgen del Rocío de la Hermandad de Triana (ah, y entrar). Todos los años, espero desde muy temprano para ver a la Virgen en primera fila. Me encanta ver a los romeros a pie y en carretas, cantando y bailando, aclamando a la Virgen.

Me dan romero, que es suerte, me hacen un coro, me cantan e incluso han llegado a pararme a la Virgen para que yo la tocase.

A la semana de regreso, ya un poco cansados del camino, no es motivo para que no canten y vitoreen a la Virgen, dando las gracias por la romería y comenzando la cuenta atrás de los días que quedan para el próximo año.

En el 2012, fuimos a ver a la Virgen del Rocío de la Hermandad de Triana y sus carretas. Había mucho ambiente, todos cantando y vitoreando a la Virgen. Javi, el hijo de mi primo, le tocaba el tambor y la flauta. Cuando salió de Sevilla, mi hermano me llevó detrás de ella, cada vez estábamos más lejos de Triana, nos encontramos a mucha gente, entre ellos mi primo Javier y Nuria en su carriola.

Pasamos Camas, La Pañoleta y llegamos a Castilleja de la Cuesta. Hacía mucho calor y yo temía tener que volver ya solo sin los romeros y más calor.

Mi hermano me dio la sorpresa, pues allí nos

esperaba mi "furgo". Fue mi primer mini camino, el próximo año lo vamos a repetir a ver hasta dónde llegamos.

Bueno, el próximo fue... hace ya unos años, jajaja.

¡Qué pronto pasa el tiempo! Esta vez, mi hermano Diegome metió en la furgo con mi primo Israel, y me llevó a la "pará" deTriana, en la

Hacienda Torrequemada, allí nos encontramos con mi primo Pedro, Javier, Nuria, más gente y los niños... Fue mi primera "pará".

En esa "pará" fue donde, al ver muchas tiendas de campaña todas iguales, se me ocurrió hacer una acampada en Villa Diego, casa de mi hermano. Pasamos el fin de semana niños y mayores en tiendas de campaña, después de cantar, comer y beber, y disfrutar mucho. Durmieron en tiendas (yo en la cama de mi hermano, pues soy muy delicado). Por la mañana, nos despertó mi sobrino Javi tocando la corneta.

Todos los años, nos pegamos un homenaje en nuestra querida feria, la "Feria de Abril de Sevilla". Yo todos los años voy, y con mi cámara grabo la portada, las casetas y la calle del infierno, tanto de día como de noche.

Yo voy con mis hermanos y sobrinos. Antes iba con mis padres, tíos, primos y hermanos. Unos años, mi tío Roque y mi padre pusieron una caseta, donde nos reuníamos toda la familia. Íbamos todos los días. Os podéis imaginar, pues somos casi cuarenta: todo diversión, bailes y cantes, pues mis primos Raúl y Javier tocan la guitarra y cantan. Los demás los acompañamos con palmas. A mí me encanta la música. A veces, ensayo con mi órgano, uno que me regalaron, pero al tener poco tiempo lo cojo poco,prefiero escribir con el pie. Algún día tocaré una canción con el grupo de misprimos.

Siempre doy mi paseíto por la calle del infierno, o como lo llamamos aquí, los cacharritos o las escalesitas. Y, aunque yo no me monto en casi nada, me gusta la tómbola. A ver si me toca algo para regalárselo a algún familiar. Y de vuelta mi paradita para tomarme un chocolate calentito con churros.

Mi hermano Diego siempre me llora pidiéndome que yo le compre algo de un puesto, como si fuese un niño chico, pero como es mayor que yo, lo hago rabiar.

El día del "pescaíto" ahora lo celebramos en mi casa con toda mi familia, decoramos el salón como una caseta y mi hermano y yo freímos pescado, preparamos rebujitos y refrescos.

Un día, fui a ver a Santa Ángela, pues me gusta ir a la iglesia a rezar y ver a los santos. Ese día, me emocioné: cantaron unas monjitas que me llenaron de paz y felicidad.

Todas las mañanas, antes de levantarme, rezo a San Expedito y le pido por todos nosotros muchas cosas, según las necesidades. Sobre todo, que no manden lejos a trabajar a mi hermano Diego. Me  pongo triste sí sé que no puede estar conmigo.

Cuando llega la Semana Santa, mi hermana Reyes me lleva a ver salir a San Gonzalo. La iglesia está al lado de mi casa. Siempre me encuentro algún familiar o amigo, bien viéndola salir o de nazareno.

El Viernes Santo, mi hermano Diego viene a levantarme temprano, me pone muy guapo y nos vamos a ver a la Esperanza de Triana. Nos vamos temprano para coger sitio, donde nos juntamos con la hermandad de El Rocío, que sale con su estandarte a saludar a la Virgen.

Mi sobrino Diego toca en la banda, y mi cuñado, primos y otros sobrinos salen de nazarenos. Después de verla recogerse, damos una vuelta y nos tomamos un refresco y una cerveza. Siempre nos encontramos con algún conocido o familiar. Los nazarenos, cuando me ven, se acercan y me dan estampitas y medallas de la Virgen y del Cristo, en vez de caramelos.

Hasta algún músico me ha dado recuerdos, pero me sorprendió cuando un guardia civil me regaló su medalla.

Una vez, cuando estaba a menos de un metro de la Virgen Esperanza de Triana, al mecerla los costaleros se le cayó una rosa a mis pies. Al dársela al capataz, me dijo: "Es tuya, te la ha regalado la Virgen". Me emocioné como no os lo podéis imaginar.

Un sitio que me gusta mucho es el Auditorio FIBES, porque veo muy bien los espectáculos, aunque para mí el mejor es el Teatro Távora, pues estoy a pie de escenario y es muy familiar. Siempre iba con Eva y mi hermano Diego, una de las veces, vi, Carmen la cigarrera, había hasta un caballo que bailaba con la protagonista. Otras veces Zambombá, flamenco etc.

No comprendo que, en el siglo en el que vivimos, las sillas de las personas de movilidad reducida se ubiquen en teatros y auditorios en una zona restringida como a borregos todos juntos, y para más INRI, solo puede haber un acompañante. Si somos 3, nos separan.

Un sitio que también fue sorpresa, fue en un mercado, concretamente el de El Arenal, donde había un teatro. Teatro donde los actores y cantantes interactuaban con el público. Las mesas, sillas y barra del bar/teatro se convertían en escenario.

Me llevé la sorpresa de ver mi primera ópera, en versión flamenca: la ópera Carmen. El teatro se llamaba Ópera en Sevilla y era muy peculiar.

Todos los años, Radiolé hace una presentación de las sevillanas de la feria. Nunca me lo pierdo pues,además de pasármelo muy bien, me encuentro con viejos compañeros del Aben Basso.

También he sido público en Canal Sur, en el programa "Se llama copla" y he participado en el videoclip de Ecos del Rocío "Que lo baile, que lo baile".

Cuando pasan muchos días, empiezo a recordarle a mi hermano Diego que busque algún cachondeo a mis espaldas.

A mí me da igual la sorpresa, aunque cuanto más lejos y más gente, mejor.

Un día, me dieron otra sorpresa. La más grande que me han dado nunca. Fue tan emocionante que, cada vez que me acuerdo, me pongo a reírme.

Era sábado y podría ser un día muy normal o un día muy especial, pues era 31 de marzo del 2012: mi cumple, 40 tacos.

Me levanté contento y emocionado, pero, conforme pasaban las horas, más me mosqueaba. Las llamadas para felicitarme eran pocas, por no decir ninguna, y de regalos mejor ni hablar.

A media mañana, vino mi hermano Diego y me propuso salir a dar una vuelta, pero yo prefería trabajar en mi periódico. Después de discutir con él, me convenció, porque también venía Carmen.

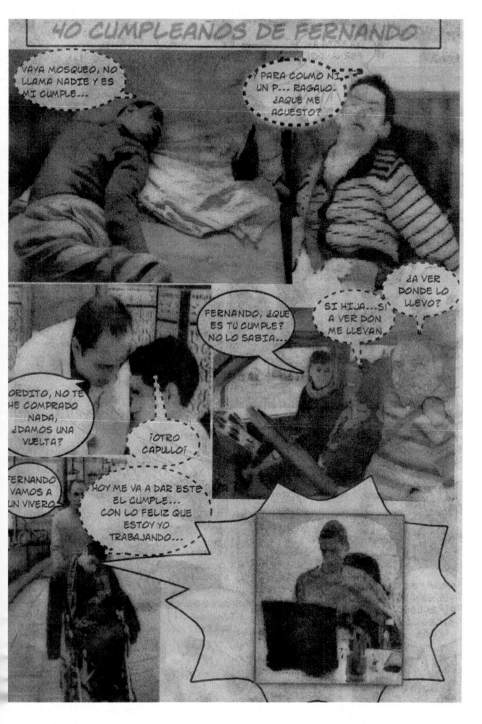

Nos subimos en la furgo y, después de casi una hora dando vueltas, nos paramos en El Corte Inglés a ver una exposición de coches viejos: no eran clásicos ni eran originales; eran antiguos y, para colmo, no me gustan los coches.

Me pusieron los dientes largos, pues aparcaron frente al Media Markt, y yo quería ver las impresoras, pues la mía estaba fallando.

Nos subimos de nuevo en la furgo porque mi hermano Diego quería ir a un vivero y me quedé con las ganas de poder verlas y comprarme una.

Cuando llegamos al vivero, aparcamos en una venta y, como era medio día, entramos para tomarnos una cervecita (bueno, yo una Coca-Cola). Había muchos coches y aparcamos lejos de la puerta. Mi hermano es tonto y yo estaba mosqueado, pues me hacía perder mi tiempo.

Al entrar, Carmen, Diego y yo pasamos casi al final, indicado por los camareros, y cuál fue mi sorpresa cuando una multitud de familiares comenzaron a cantarme, *todos en pie, cumpleaños feliz. Mi madre y mis hermanas me habían organizado toda una celebración de cumpleaños: allí no faltaba nadie, no cabía ni un alfiler.*

El corazón se me iba a salir, no sabía a dónde mirar, pues estaban mis padres, hermanos, sobrinos, primos, tíos. Todos, no faltó nadie.

Contuve las lágrimas como pude, pues era uno de los momentos más emocionantes de mi vida. Comenzaron a felicitarme y besarme.

Mi sitio estaba reservado: podía ver a todos como comían, bebían, reían y disfrutaban. Era una gran celebración, mejor que una boda.

Los niños estaban sentados en una mesa exclusivamente para ellos, aunque estuvieron más tiempo saliendo al jardín que comiendo, pues había un castillo hinchable.

Todos lo estábamos pasando muy bien: cantábamos, reíamos, posaban en los photocalls para que los paparazzis familiares pudiesen grabar...

Cuando yo comí, comenzaron a darme regalos. No me lo podía creer, pues los regalos eran interminables.

Parecía que llovían, pues me estabanenterrando: ropa, placas, CDs, libros... ¡Ah, y una impresora, que estuvo todo el tiempo dentro de lafurgo y yo sin saberlo!

Brindamos con champán y hubo otra sorpresa más: una gran tarta con dos velas, el "4" y el "0".

En mi corazón llevo y llevaré toda la alegría y sorpresa de ese gran día. Gracias, mamá y hermanos.

Otra sorpresa fue que me hicieron en Villa Diego un homenaje por mi periódico "Pa que te enteres", pues llevaba 15 años escribiéndolo. Me encanta escribir con el pie. Como ya comenté, comencé colaborando en el periódico "Triana-Los Remedios". Mandé una carta al director quejándome de los veladores de los bares y los coches mal aparcados y, a partir de ahí, escribía todos los meses. Un día, decidí hacer mi propio periódico familiar, con mucha gracia y arte. Tiene muchas secciones: humor, noticias, moda, pasatiempos, cocina, entrevistas, etc.

Villa Diego es la casa de mi hermano en el campo. Allí nos reunimos toda la familia para celebraciones, comuniones, cumpleaños, aniversarios, etc. También realizamos fiestas, carnavales, feria, acampadas, Navidad, etc. Todos disfrutamos mucho, pues es muy grande, y tiene piscina, césped, barbacoa, etc.

Todos llevamos algo de comer y beber para compartirlo en grandes mesas.

A cada uno le gusta llevar sus especialidades gastronómicas: mi primo Javier, empanada; mi madre, su gran ensaladilla; mi prima Raquel, sus deliciosas tartas, a mi padre le gustaba hacer migas para todos. En un gran perol echaba los ingredientes: ajos, chorizo, tocino, el pan... y sellevaba toda la mañana moviéndolas muy lentamente,después de haberse llevado toda la noche cortando el panen finísimas láminas. A todos les encantan sus migas.

También encendemos la barbacoa, pues a los niños (y no tan niños) les encantan los filetes, hamburguesas, salchichas, etc.

Como buenos Chacones, llegamos a las 2 y empezamos a comer a las 4, pero nos da igual: estamos de cervecitas, refresquitos y tapitas, luego empalmamos con el cafetito, pastelitos y cubatitas.

Cuando mejor nos lo pasamos es en verano, pues jugamos mucho en la piscina, con pelotas, colchonetas, etc. Yo tengo mi colchón y sofá flotante, del que nunca me quiero bajar.

Bueno, en resumen, me gusta disfrutar y pasármelo bien con mi familia, y amigos o amigas de mis primos o hermanos. Eva la amiga de mi hermano me cae muy bien, trabaja como profesora de un colegio de educación especial.

Creo que mi familia desea que yo provoque celebraciones o sorpresas. Es más, me piden siempre que organice algo, pues al final disfrutamos mucho todos juntos y es lo que recordaremos en un futuro.

Mi sorpresa final

Capítulo VI

Aunque lo necesitaba, nunca deseé ver, ni deseé que llegara el momento, ese triste momento.

Imposible de comprenderlo, inasumible por mí. Sería mi cansancio acumulado, sería por meses o años dándolo todo, años muy agotadores a pesar de mis ganas y fuerza de voluntad.

¿Sería la imposibilidad de poder dar más de lo que yo quería? No lo sé, ni lo recuerdo. Estaba tan cansado que me costaba hasta pensar.

Fue un pasar. Pasar de pensar a, simplemente, recordar vagamente. Recordar los momentos donde las teclas de mi ordenador eran gigantes, pasar de una tecla a otra para poder escribir era imposible. Mi botín con alcayata, mi único botín, me pesaba tanto que mi hermano se dio cuenta, lo sabía... Antes me reñía porque mi potencia e ímpetu rompían teclados. Los teclados eran únicos, artesanales y adaptados para mi alcayata, fabricados en fibra de vidrio. Yo no quería partirlos, pues fabricarlos era muy complicado. Perdía días y meses de trabajo para poder sustituirlos y mi hermano se enfadaba (él, como siempre, tan superficial).

Un día, mi hermano Diego (viendo y sintiendo en sí mismo mi agotamiento) me preguntó: ¿Quieres que te ayude con tu capítulo final? Un gran suspiro me invadió. Sentí un descanso y mucha paz llenó mi interior.

Gordito, al final mira la que has liado... Tu libro toca su fin.

Pasó de pensar tristemente a pensar en presentar su libro en un centro comercial, donde los familiares y amigos lo visitásemos y felicitásemos, vivir la gran sorpresa, poder ser ese gran periodista y escritor, además de persona, compañero, familiar, hermano e hijo.

Sonaba la radio en su "furgo", mientras nos dirigíamos a su gran sorpresa. Era esa canción que le encantaba la que sonaba. No era Radiolé, tampoco la copla, ni tan siquiera sevillanas. Era una canción muy cariñosa, que le traía muchos recuerdos, recuerdos del pasado, recuerdos no acabados.

Esa canción de Daniel Diges era la banda sonora de su interminable cortometraje:

"Algo pequeñito, ououoo,

Algo chiquitito, ououoo,

Cosas simples que ahora no me das

Que te pido con locura si no quieres

terminar

Algo pequeñito,

ououoo, Algo chiquitito,

ououoo,

En tus manos tienes la ocasión

Hoy decides si quererme y no romperme el

(Os recomiendo tararearla mientras

continuáis leyendo el capítulo.

Es mejor buscarla y ponerla como música
ambiental.

Fue rapidísimo pasar de protagonista para unos cuantos familiares y amigos, a ser Fernando de Triana para todos, todos sin distinción, donde el tiempo está parado y es secundario, donde él, muy sonriente a su llegada saluda a todos, habla y comenta, y (a pesar de toda una vida de silla de ruedas) hoy saluda a unos y a otros, con pasos y contoneos de artista. Está muy feliz y se lo transmite a todos.

Pasaba de todo lo superficial e incluso de mí. Estaba en su día culmen, en su gran día, el día que una gran luz invadía todo lo que le rodeaba. Profesores, amigos, antiguos alumnos, familiares...

Con todos charlaba amigablemente y con una gran sonrisa. Lo miraba y no lo reconocía... Mis lágrimas no se hicieron esperar.

A pesar de tener menos edad que yo, era mi máxima admiración, mi ídolo, mi pozo de sabiduría, ejemplo a utilizar, para transmitir a los demás un todo y, como persona, el más grande para todos y con todos.

Era el protagonista de la feria, su feria como profesional y persona, su día soñado, el gran día donde él es el anfitrión, el admirado, el idolatrado.

Donde todos (y digo todos: del presente y del pasado) le rendían un súper homenaje más que merecido.

Entre vítores y aplausos, el gran Fernando Chacón se alejaba de todos sus allegados, seguro que para seguir escribiendo para otro público menos carnal.

Agradecimiento

Familia Chacón Longo:

Mama: Consuelo Longo Domínguez

Papa; Diego Chacón Escobar

Hermanos: Reyes, Inma y Diego.

Cuñados: Roberto Peralta y Mariano Álvarez

Sobrinos: Roberto, Julián, Mariano, Diego y Cristina

Familia Chacón García

Familia Chacón Márquez

Familia Martínez Chacón

Familia Moya Chacón

Familia Escobar Ponce

Todos los familiares de mis titos segundos.

Alumnos, compañeros, amigos, vecinos y amigos de mi familia.

Profesores y especialistas que iniciaron la educación especial en Sevilla y Andalucía

Directiva, profesores, especialistas, cuidadores, conductores y un sinfín de buena gente del Aben Basso.

Y a todo aquel que lo ha valorado y estimado de corazón.

Fernando Jesús Chacón Longo, 31 de marzo 1972 / 13 de diciembre 2018. Nació y vivió en Sevilla.
Estudio y se formó en el centro de educación especial "Aben Bassa", actualmente llamado "Directora Mercedes Sanroma".

Su parálisis cerebral nunca fue impedimento para alcanzar todos su metas y objetivos. Después de años de estudio y formación, siguió auto preparándose, combinando diferentes disciplinas, escritura, música, pintura etc. todo dentro de una creatividad inimaginable.

colaboro en periódicos de Triana y los medios, realizo su periódico, revista propia a nivel familia y amigos. Homenajeado a página completa como escritor original en el Diario de Sevilla.

muy dedicado en Triana para la devoción en la Virgen de la Esperanza semana santa, saines e iglesias, música de la copla, flamenco y folclórica.

Aprendió las videocliip de grupos famosos y puso su acento en programas diferentes.

Participo en el ámbito asociativo y dio a conocer de la inclusión de alumnos gran parte en las ponencias educativas de la Junta Andalucía.

Esta biografía, es de sus maestros que es al todo un esfuerzo de voluntariado mas de una década dibujando su vida en este libro, que se beril (?) como Alcayata.

ISBN 9798799826444

90000

9 798799 826444

Printed in Great Britain
by Amazon

29069032R00059